QUILT BLOCKS 3

1500 Illustrations in Color

FIGURES

ブロック

キルトのデザインを「パターン」と呼びます。多くのキルト・パターンは正方形、つまり「ブロック」の中に納まるように描かれています。このブロック・デザインを数千種類を白黒図版で掲載した本もあります。

ブロック・デザインの他に、三角、四角、六角形、円などを基本にしたデザイン単位を繰り返して作る「オール・オーバー・パターン」のキルトもあります。この場合も、キルト全体を一つの大きなブロックだと考えます。

キルトのブロック（正方形）・デザインを大きく分けると、幾何学模様と具象模様の二つに分類できます。幾何学模様は、直角二等辺三角形二つからなる正方形の単純な二分割もあれば、50 cm四方に三百を超えるピース（断片）を縫い合わせた複雑なブロックもあります。具象模様も、伝統的な意匠デザインとして伝わるものの転用から、作者が自由に描いた布絵様のものまでさまざまです。

白黒図版で同じパターンも、布の組み合せ方で、さらに違った表情を持ちます。同じ仕様のキルト・ブロックも、ブロックどうしの配置の方法で、新しい印象を描き出します。

一枚づつのキルトは、ブロック・デザインの他に、ブロックの配置、布使いや配色、全体の大きさ、キルティング・デザインなど、たくさんの構成要素から作られています。

本書では、キルトの構成要素の中からブロック・デザインを取り出して集めました。

Victoria Hoffman

ヴィクトリア・ホフマン

Quilt collector, curator, and owner of the quilt shop "Victoria's Quilts"

キルト収集・研究家　キルトショップ「ヴィクトリアのキルト」経営

Since the days of the early colonists, quilt-making survived in America as a verbal tradition passed on by international teaching. Untill recently it has been an area of folklore and romantic notions, with few facts to balance the stories. As quilts have come to be recognized as folk *art*, their value as historical artifacts has become clear. Museums, universities, private and public organizations and indivisuals are starting to seriously study quilts and the culture of quilt-making. Our quilt tradition is like a national treasure. It is rich with information about everything from womens' roles to the textile industry to home furnishing and clothing fashions to politics. To fully appreciate quilts, they must be seen in historical context. With this perspective I can enjoy each quilt on many different levels, and my interest in and love of quilts gets ever stronger.

キルト作りは、アメリカの植民地時代から言い伝えとして今に残り、世界中で教えられるようになった。

つい最近まで、事実として確かめる材料の少ないフォークロアやロマンテイックな概念として扱われてきた。キルトが、「フォーク・アート」として認知されるにいたり、その歴史的な研究の対象としての価値が明らかになってきた。美術館、大学、公的・私的な機関、個人の研究者などが、キルトやキルト制作文化に関する真剣な研究を開始した。

アメリカのキルトの伝統は、いわば国の文化遺産である。女性の仕事から繊維産業まで、はたまた個人宅の装飾や服飾の流行から政治に至るたくさんの情報をキルトから読み取ることができる。キルトの真の価値は、歴史のコンテキスト（文脈）の中ではじめて見極めることができる。このように、さまざまなレベルでキルトを楽しんでいると、キルトに対する興味と愛情が冷めることはない。

977

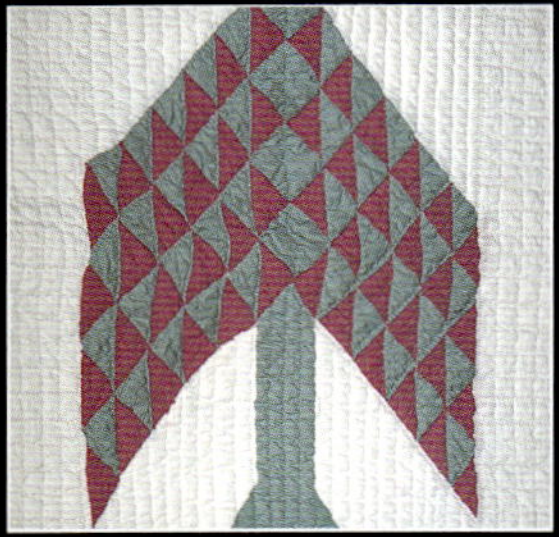

978

979

980

981

SCHOOL BUS
STOP

982

983

ABC
DEFGH
IJKLM
NOPQR
STUVW
XYZ

984

985

986

987

988

989

990

991

992

993

994

995

996

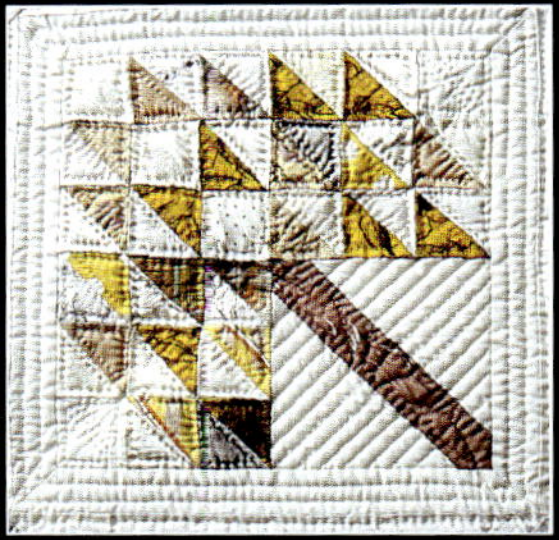
997

998

999

1000

1001

1002

1003

1004

1005

1006

1007

1008

1009

1010

1011

1012

1013

1014

1015

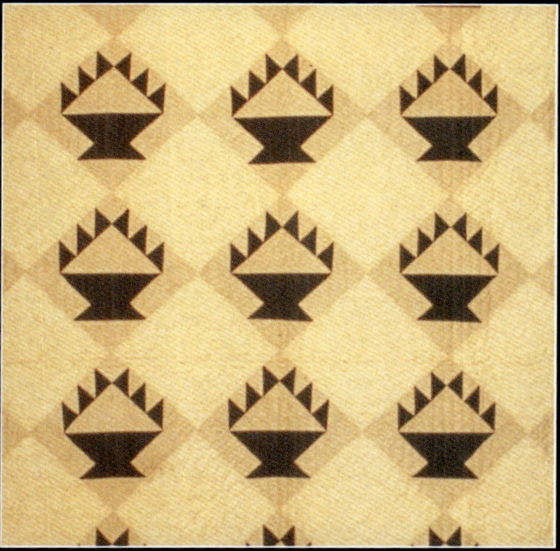
1016

1017

1018

1019

1020

1021

1022

1023

1024

1025

1026

1027

1028

1029

1031

1032

1033

1034

1035

1036

1037

P
1038

1039

1040

1041

Q
1042

1043

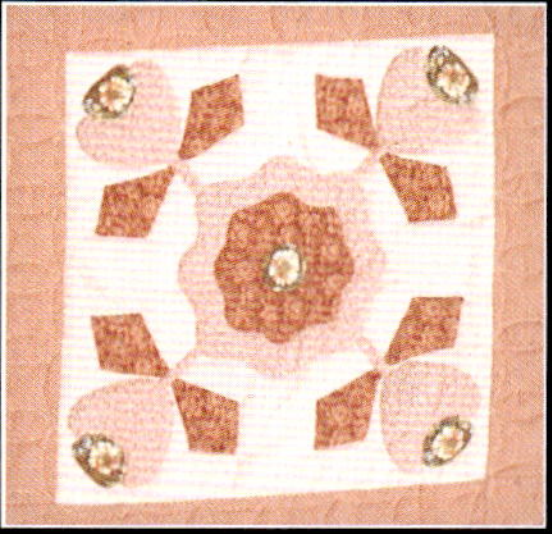
1044

1045

1046

1047

1048

1049

1050

1051

1052

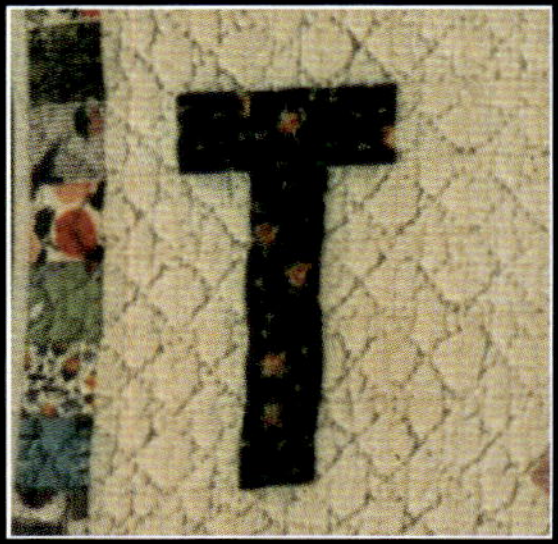
1053

1054

1055

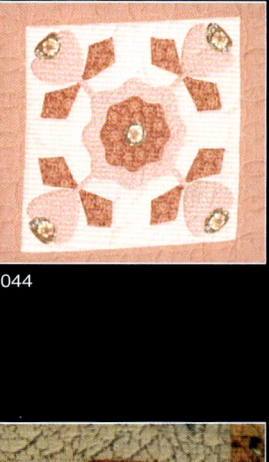

1057

1058

1059

U
1060

1061

1062

1063

W
1064

1065

1066

U
1067

X
1068

1069

1070

1071

1072

1073

1074

1075

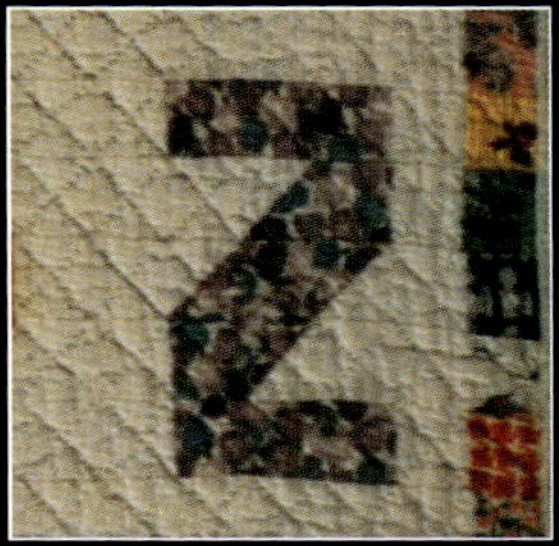
1076

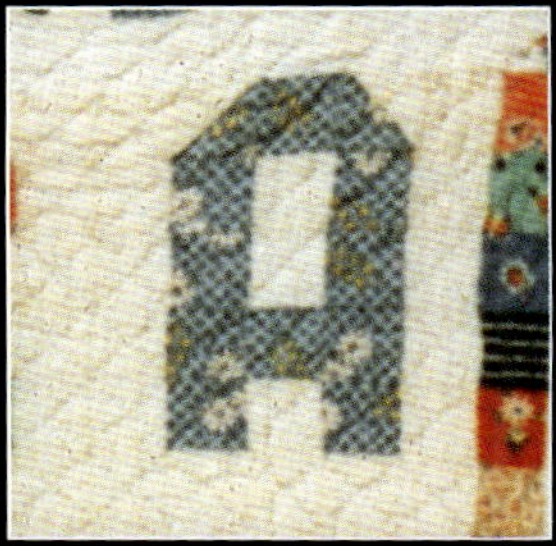
1077

1078

1079

1080

1081

1083

1084

1085

1086

1087

1088

1089

1090

1091

1092

1093

1094

1095

1096

1097

1098

1099

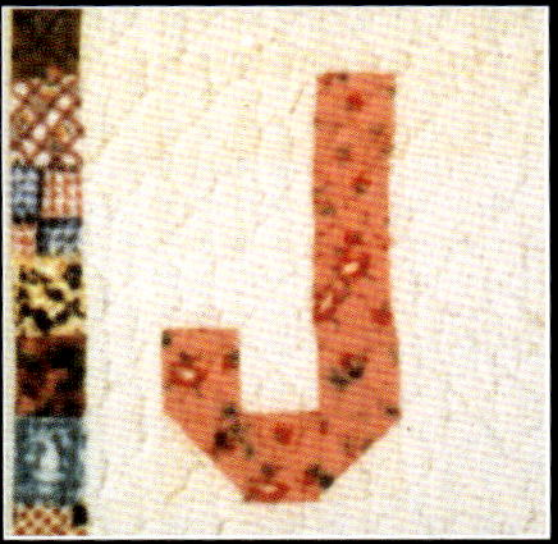
1100

1101

1102

1103

1104

1105

1106

1107

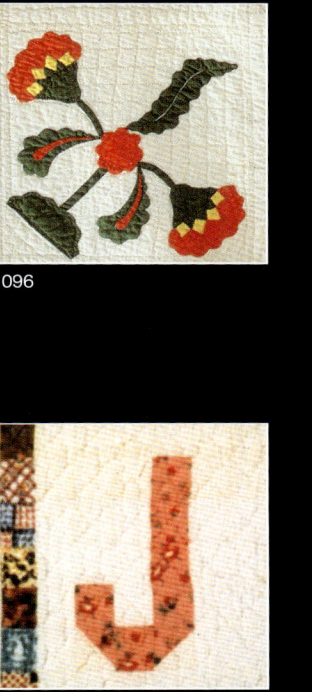

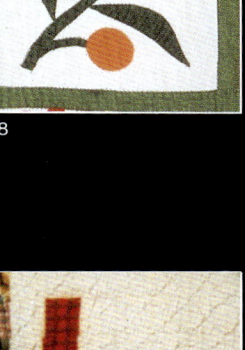

1108

1109

1110

1111

1112

1113

1114

1115

1116

1117

1118

1119

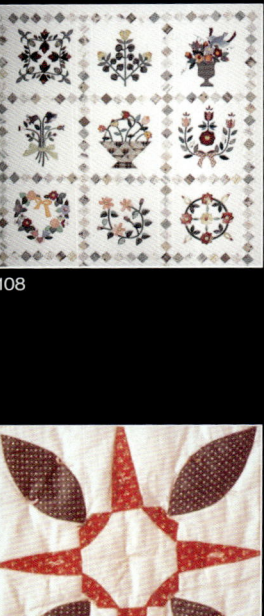

1120

1121

1122

1123

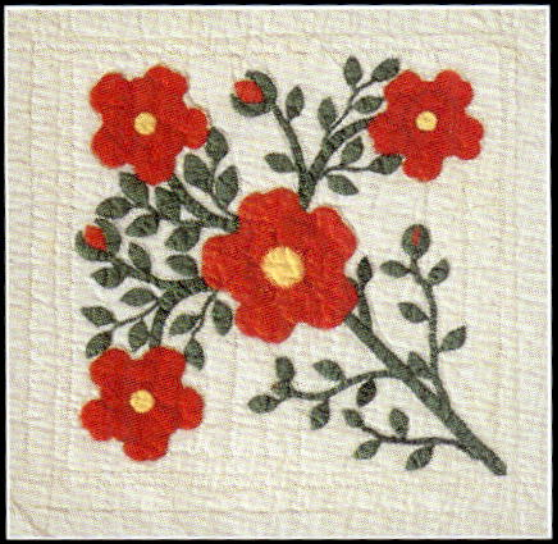
1124

1125

1126

1127

1128

1129

1130

1131

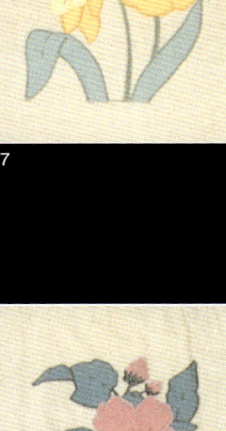

1133

1134

1135

1136

1137

1138

1139

1140

1141

1142

1143
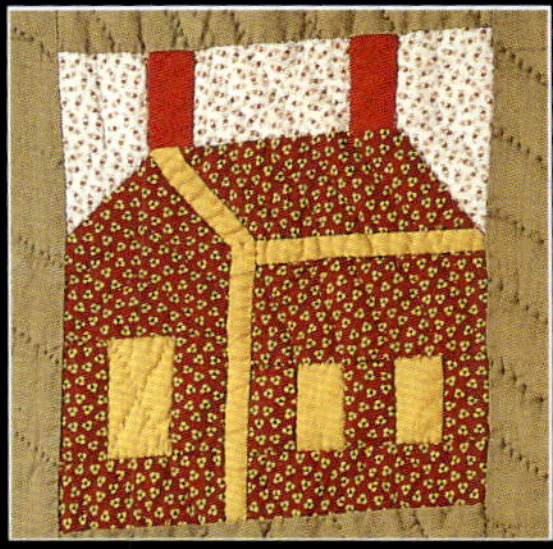
1144

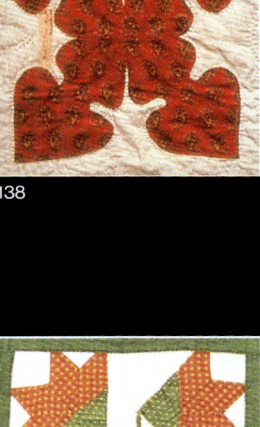

1146

1147

1148

1149

1150

1151

1152

1153

1154

1155

1156

1157

1158

1159

1160

1161

1162

1163

1164

1166

1167

1168

1169

1170

1171

1172

1173

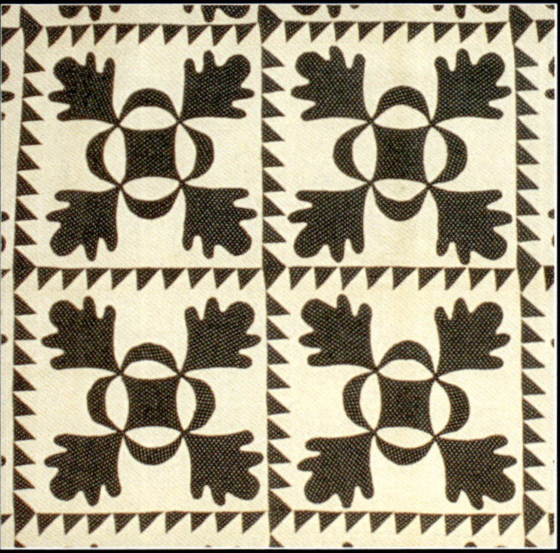
1174

1175

1176

1177

1178

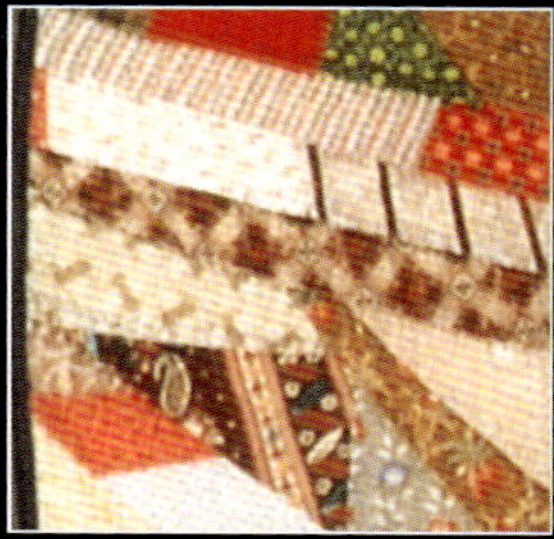
1179

1180

1181

1182

1183

1184

1185

1186

1187

1189

1190

1191

1192

1193

1194

1195

1196

1197

1198

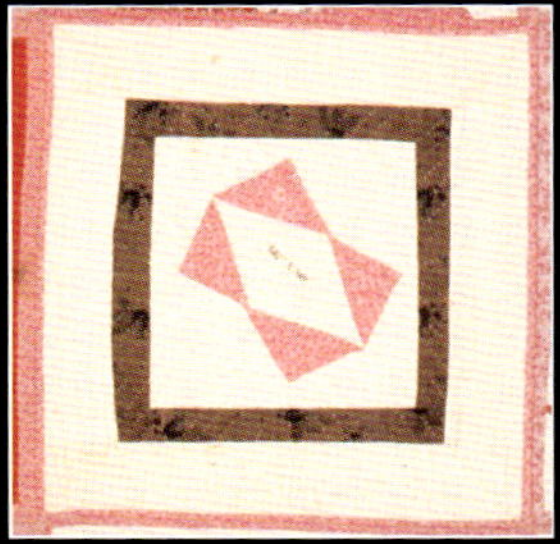
1199

1200

1201

1202

1203

1204

1205

1206

1207

1208

1209

1210

1211

1212

1213

1214

1215

1216

1217

1218

1219

1220

1221

1222

1223

1224

Terwilliger House 1902

1226

1227

1228

1229

1230

1231

1232

1233

1234

1235

1236

1237

1238

1239

1240

1241

1242

1243

1244

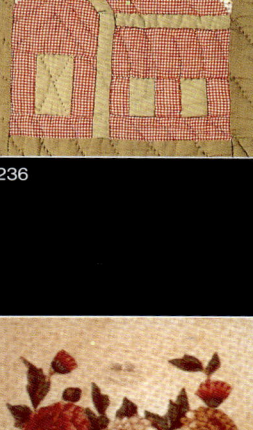

245

1246

1247

1248

1249

1250

1251

1252

1253

1254

1255

1256

1257

1258

1259

1260

1261

1262

1263

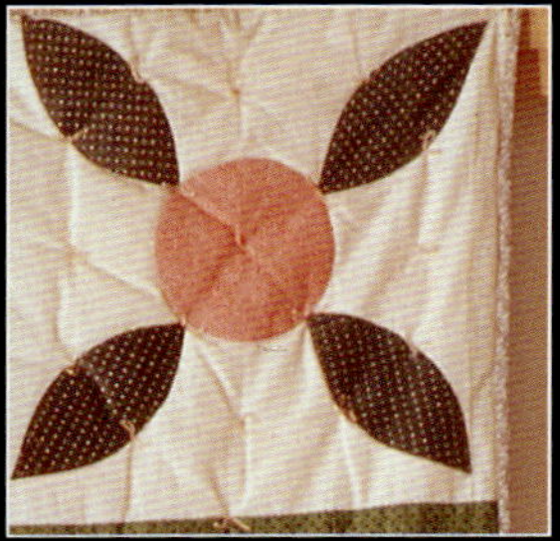

1264

1265

1266

1267

1268

1269

1270

1271

1272

1273

1274

1275

1276

1277

1278

1279

1280

1281

1282

Monday

1283

1284

1285

1286

ABC

1287

1288

1289

Mrs Joe Kauffman
Kalona, Iowa
1942

1290

1296

1292

1293

1294

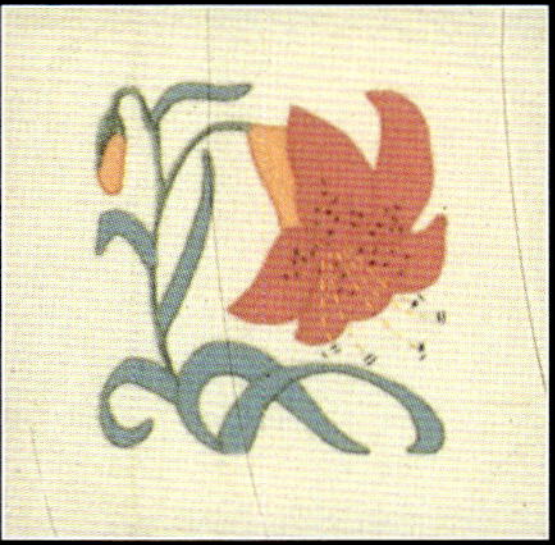
1295

1296

1297

1298

1299

1300

1301

1302

1303

1304

1305

1306

1307

1308

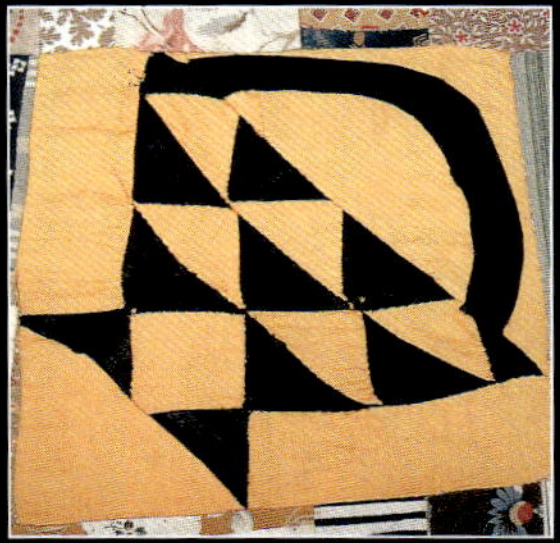
1309

1310

1311

1312

1313

1314

1315

1316

1317

1318

1319

1320

1321

1322

1323

1324

1325

1326

1327

1328

1329

1330

1331

1332

1333

1334

1335

1336

1337

1338

1339

1340

1341

1342

1343

1344

1345

1346

1347

1348

1349

1350

1351

1352

1353

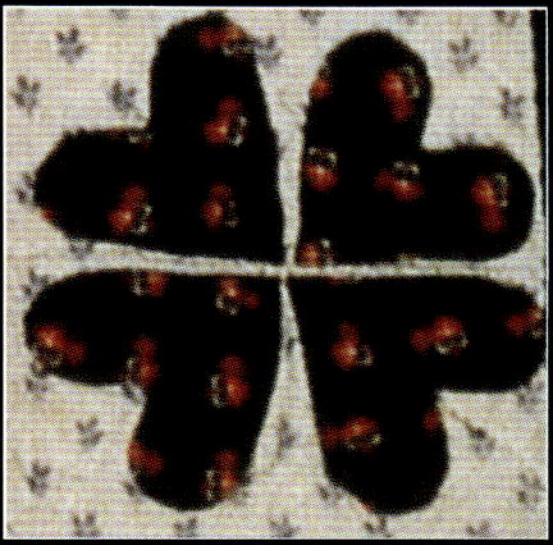
1354

1355

1356

1357

1358

1359

1360

1361

1362

1363

1364

1365

1366

1367

1368

1369

1370

1371

1372

1373

1374

1789
GEORGE
WASHINGTON
1375

1376

1377

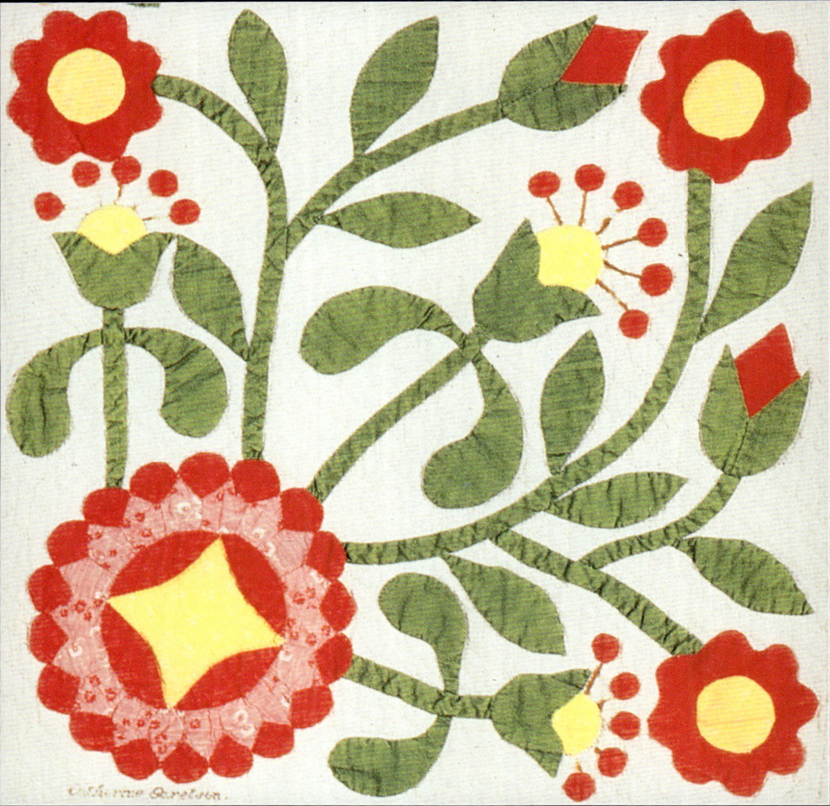

1378

1379

1380

1381

1382

1383

1384

1385

1386

1387

1388

1389

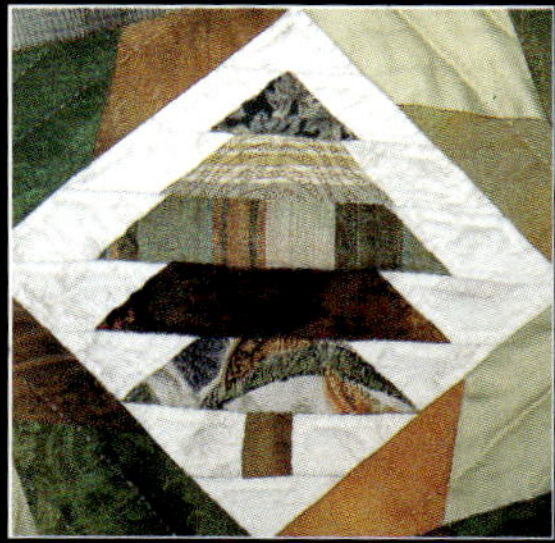
1390

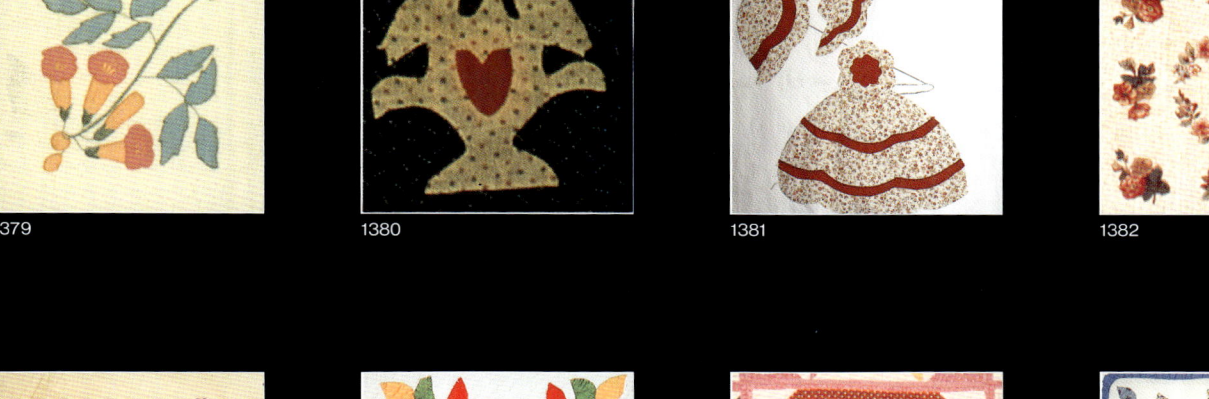

1391

Thursday
1392

1393

1394

1395

1396

1397

1398

1399

1400

1401

1402

1403

J.KiShi
1404

1405

1406

1407

1408

1409

1410

1411

1412

1413

1414

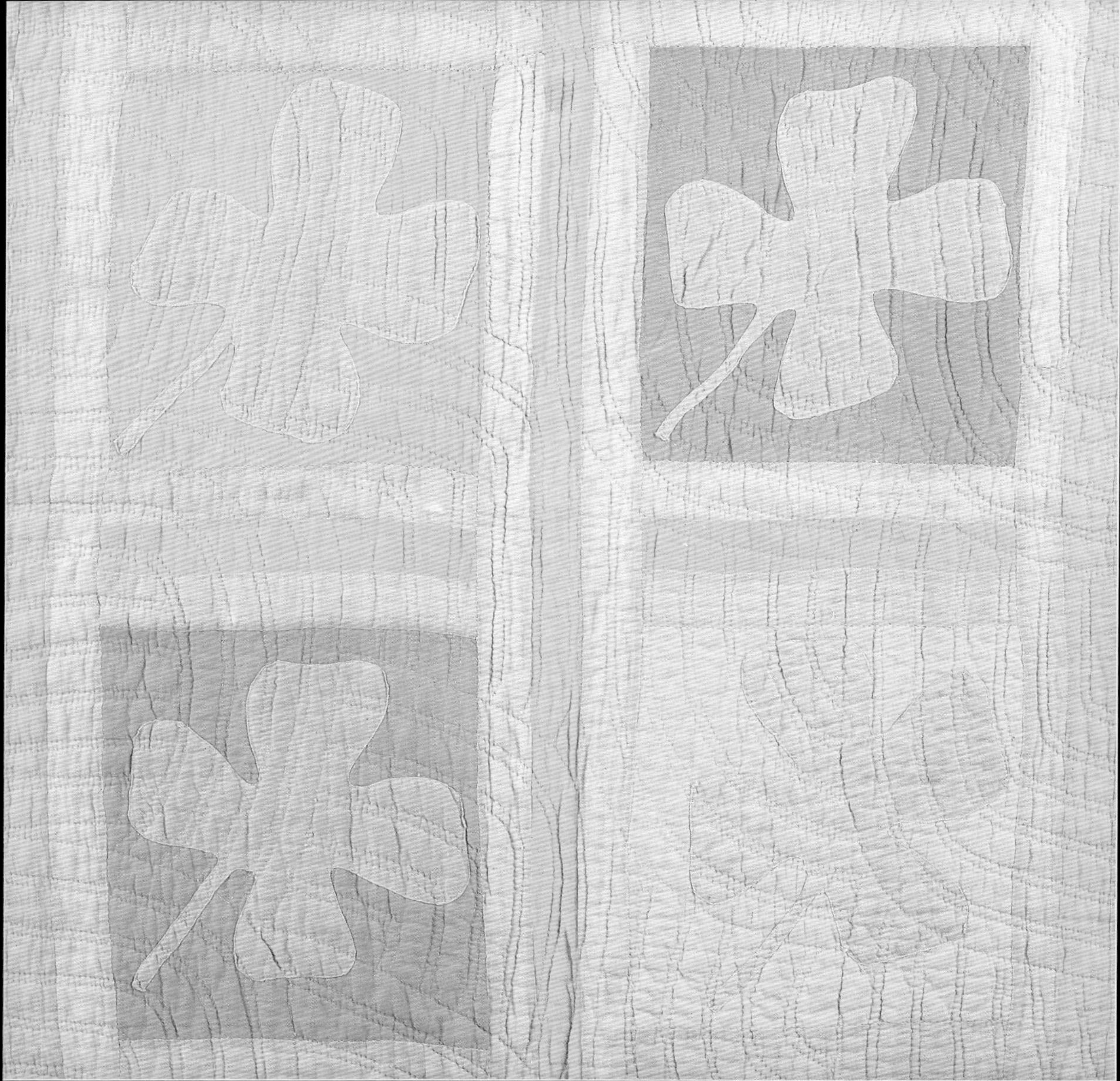

1416

1417

Sunday

1418

1419

1420

1421

1422

1423

1424

1425

1426

1427

1428

1885

1429

1430

1431

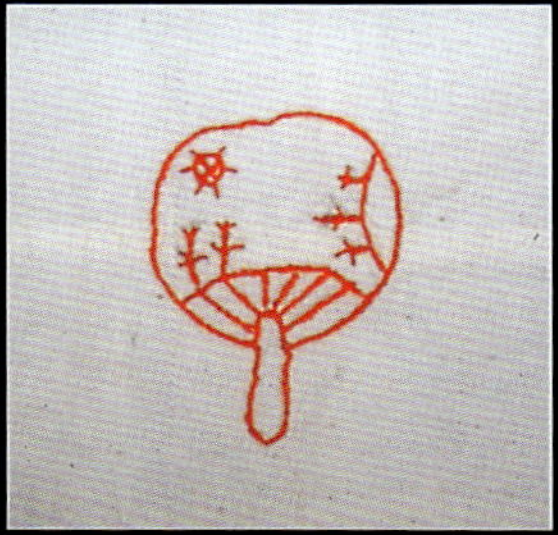
1432

1433

1434

1435

1436

1437

1438

1439

1440

1441

1442

1443

1444

1445

1446

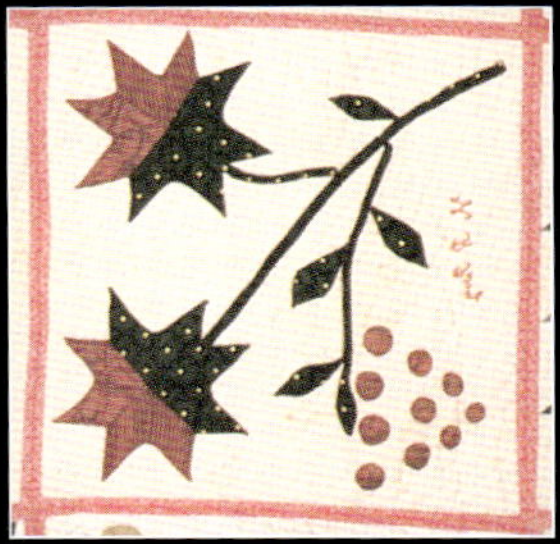
1447

1448

1449

1450

1451

1452

1453

1454

1455

1456

1457

1458

1459

1460

1461

1462

1463

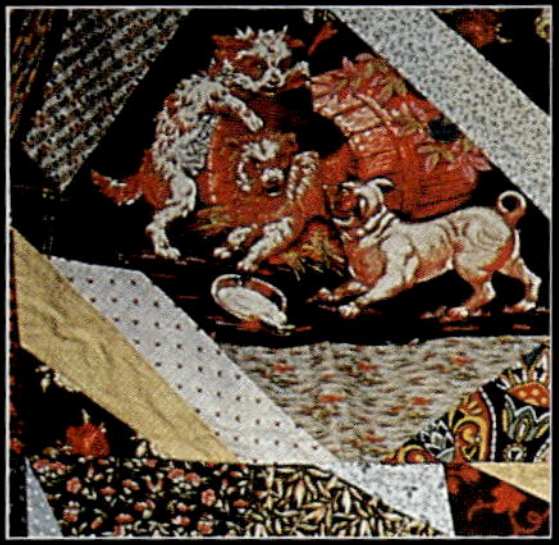
1464

1465

1466

1467

1468

1469

1470

1471

1472

1473

1474

1475

1476

1477

1478

1479

1480

1481

1482

1483

1484

1486

1487

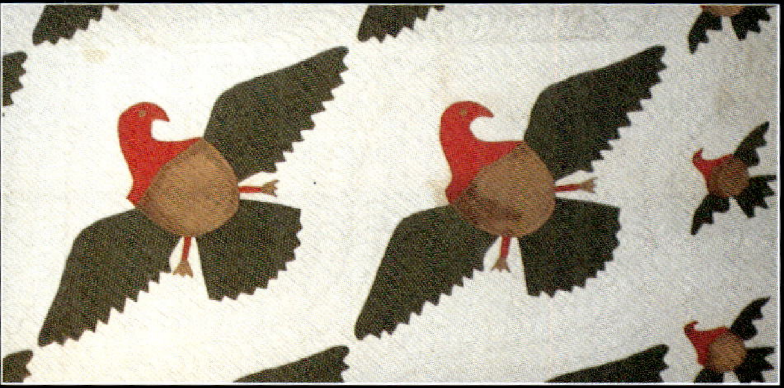
1488

1489

1490

1491

1492

1493

1494

1495

1496

1497

498

1499

1500

1501

1502

503

1504

1505

1506

I want some
sashimi
1507

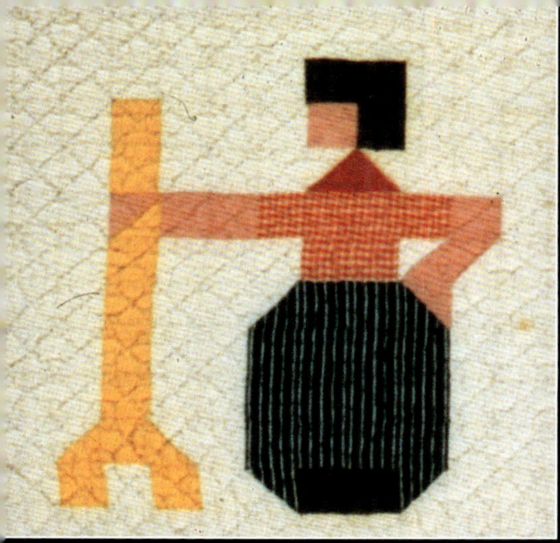
508
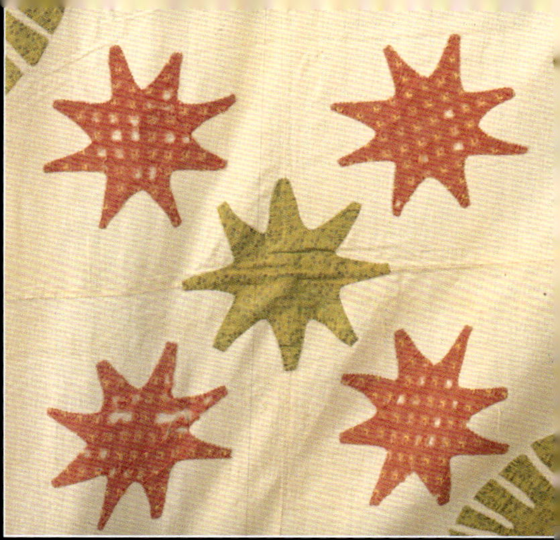
1509

1510

1511

1512

Jean Ray Laury

ジーン・レイ・ローリー

Author, Quiltmaker

作家 キルト作家

Thirty years after turning from painting to quiltmaking, I still find the work exciting. I have never been bored with making quilts. The richness of the experience grows out of the rich accumulation of the stacked levels of meaning. The quilt itself serves as a metapher for the levels of involvement.

Quilting is a process involving, both figuratively and litarally, many layers. The fabrics themselves are layered and the first layer, or quilt top, carries the visual design. It gives the quilt its identity by pattern or title. The backing layer is seldom seen, but is crucial to the structure. It is a foundation. Theird, sandwiched between the quilt top and the backing, is the batting or filler, with adds body and gives life to the quilt. While it is completely hidden in the quilt, it adds substance.

Quiltmaking also consists of many layers or levels. When I sit down to cut and sew, I'm joining generations of women who have found through these humble materials and tools the transporting effects of the creative process. To work in an art form that was developed by women, cherished by women, and passed along by them from mother to

30年前、油絵から転じて以来ずっと、キルト製作に夢中である。退屈したことはない。奥深い蓄積を持つキルトから、豊かな経験をすることができる。キルトは、それ自体が「巻き込むこと」の陰喩として存在する。

その実際の形状、文学的にも「層から成る」多くの積み重ねを包み込む工程がキルト製作である。

布が何層にも重なる一番上の層は、視覚デザインを受け持つキルト・トップ。パターンやタイトルによってキルトにアイデンティティーを与える。

裏布はあまり注目されないが、重要な構成要素である。裏布は土台である。

第三に、キルト・トップと裏地に挟まれている中綿や詰め物は、キルトに立体感をもたせ生き生きとさせる。完全にキルトの中に隠れているが、キルトに中身（実体）を与える。

キルト製作も層や積み重ねである。

キルトを作るということは、素朴な材料と道具を使って作るキルトの美しさという創造的なプロセスの伝達効果を見つけた女性たちの系譜に、私も加わるのである。

女性によって発展し、大切にされ、母から娘や孫娘や姪、あるいは友人へと伝えられた芸術形態を手段として制作することは、経験として特別な意味を持つ。キルト制作者としての先人

daughter, to granddaughter, to neice or to friend, is a special experience. So when I make a quilt I am connected in a delicate but strong way to early quiltmakers, both within my own family and outside of it. These emotional ties, these threads of continuity, are powerful and are a compelling part of quiltmaking.

I am connected also to quilters today, all over the world. There is a visual language by which quilters speak to one another about their lives and countries and cultures. It transcends words. Women anywhere in the world will respond to a baby quilt, and it will evoke emotions that stem from common and shared experiences. Quilts made for ceremony or ritual, whether for a wedding, graduation, christening or burial, draw responses that are universal.

達、私の先祖だけでなく直接血縁は無い女性達、その人達への繊細だがしっかりと結び付いている。この感情的な結び付きは、切れることの無い糸のように強く、これがキルト制作の魅力の一つになっている。

私は、今日の世界中のキルターともつながっている。キルターたちには、お互いに生活や国や文化について話す視覚言語を持つ。この言葉は、文字で表現される言語を超える。どの国の女性も、ベビー・キルトに反応を示す。子供用に作られたキルトは、女性に共通で共有できる経験から生じるさまざまな感情を呼び起こさせる。結婚、卒業、洗礼、埋葬など、儀式のために製作されたキルトは、見る人に、一連の同じような反応を引き起こさせるのである。

しなやかでやわらかく、はてしなく人を引き付ける布の暖かみと感触は、女の芸術家たちにとって違和感の無い創作素材である。キルトによって心が安らぎ、その色やパターンを楽しむ

The flexible, soft, and infinitely inviting warmth and texture of cloth make it a natural medium for women artists. It requires no language to be comforted by a quilt or to enjoy its colors and patterns.

のに言葉はいらない。

私は、キルト制作の率直さが好きだ。美術界に受け入れられるのに困難であったキルターたちは、自分の表現に最も興味を持つ人たちのところに集まる。受け入れてもらうことを期待しているのではない。公的なたてまえの世界は存在しなかったので、個人的な面が一番重要となった。

I like the unpretentious nature of quiltmaking. The very difficulties quilters have encounterd (in terms of acceptance by the art world) seems to draw to it those who are most interested in what they are expressing. They are not expecting acceptance. The personal aspect remains all important, since the public aspect is often non-exsistent.

The quilt itself is an unpretentious object. It was used, initially, and to a great extent today, on a bed. That deprives it of some of the trappings of art but does not limit its artistic merit. The bed is associated with most of the significant events of life---birth,

キルトそれ自体は飾らない物だ。歴史的に、そして今日も、大部分がベッドの上で使用される。この目的のため芸術的な装飾が省かれることもあるが、芸術的なメリットは制限されることはない。ベッドは、誕生、愛、妊娠、病気、休息、死といった人生の重要な出来事のほとんどと関係する。これらの関係全てが、作品に人生の本質の付帯的意味と反映を注ぎ込み、キルトの性質を豊かにする。この無二の、そして注目に値するフォークアートが長い間無視されて

love, conception, illness, rest, and death. All of these associations imbue the work with overtones and echoes of life's essencials, enriching the nature of the quilt itself. Perhaps it is fortunate that this unique and remarkable folk art has been so long ignored ---that allowed it to flourish without the pressures and influences that would have accompanied acceptance and success.

My own quilts are very personal, but speak also for women everywhere. I enjoy the absurd and the humorous, and like bringing contemporary issues and unconventional methods to my work. This does not disconnect me from the traditions of quiltmaking, which has always explored new grounds.

My life is fuller, more satisfying, and more fun with quilts in it. Along with making them, I write about the history of quilts and how it is woven inextricably into the history of our country. I write children's books about quilts, and poems about quilts. Quiltmaking opens unending possibilities, since it is so tied to our everyday lives. There will never be enough time.

いたのは幸運なことだったのかもしれない。そのおかげで「受け入れ」と「成功」を伴う、圧力と影響に左右されることなく花開くことができたのである。

　私は個人的なテーマで作品を作るが、全ての女性を代弁する作品を作りたいと思っている。不条理やユーモアを楽しみ、今日的なテーマを型にはまらない方法で作品に盛り込みたいと心がけている。しかし、キルト制作の伝統から離れることはない。キルトは常に新しいところを航海してきたからだ。

私の生活は、キルトで満たされ、満足を感じ、楽しい。キルトを作るかたわら、キルトの歴史、キルトがどのようにしっかりとわが国の歴史に織り込まれているかについて執筆している。また、キルトに関する子供の本や、キルトをテーマにした詩を書く。キルト製作は限りない可能性を開いてくれる。なぜなら、それは非常に密接に私たちの日常に組み込まれているからだ。時間が余ることはない。

●

ミシンと
キルト・ブロック

チェーン・ステッチのミシンが、現在のミシンとほぼ同じように上下の糸で縫い合わせる機能を持つようになったのは、19世紀中頃。

よほど高価であったに違いないミシンだが、19世紀後半にかけ、全米で急速に普及した。

そこで、ミシンを持つ婦人は自慢したくなったのであろう。アンティーク・キルトの銘品と称されるキルトには、ミシン・ステッチを誇らしげに目立たせたものが多いことに驚かされる。控めに縁の仕上げで披露した物、濃い無地の布の上に白糸でくっきりミシン・ステッチをあしらった大胆な作者もいる。繊細なアップリケに手縫いとミシンの針目を両方とも、しかも一見無造作に組み合わせたキルトもある。複雑な曲線をミシンで縫うのはかえって面倒だっただろうと思うが、作者はミシンの針目をぜひとも加えたかったに違いない。

18世紀末から流行した、イギリス・チンツから花や鳥の部分を形通りに切り抜き、細かい針目でキルト・トップにまつり縫いしたブローデリー・パースの手法。19世紀中ごろ突然流行した「バルティモア・アルバム・キルト」と呼ばれる豪華で複雑なアップリケ。こういったキルトは、卓越した手縫いの技術と高度な集中力を必要とした。現在、貴重な銘品として残っているこれらのアップリケ・キルトは、実用品の自給を目的としたキルト作りとは別に、過剰な時間と能力をキルトに費やすことのできる一群の女性達が存在したことを物語る。

しかし、手のかかるアップリケの流行は、19世紀中ごろ一旦急速に下火になり、やがて幾何学模様のキルトが沢山作られるようになる。

アップリケ・キルトが作られなくなった背景には、女子の学校教育の普及、工場や販売業といった家事労働以外の女性の職場の広がりなどとともに、ミシンの普及が理由として上げられる。独立した曲線部分が多い装飾性の高いデザインは、当時の直線縫いのミシンで縫うには効率が悪かったのである。

一方、ミシンの普及によりキルトの制作時間は短縮された。家事全般は今よりはるかに時間がかかり、夜の灯火も限られていた。それまで必要に迫られてキルトを作っていた人たちも、ミシンの普及で、短時間にかつ楽に仕上げられるようになったのである。そこで、デザインに凝り、競い合うように多くの枚数を仕上げることが可能になった。ただし、ミシンを効率よく使える、直線構成の幾何学パターンのキルトが主流となった。

やがて、キルトも商品として安価に購入できるようになる頃、手縫いのキルト作りが再び主流になった。1876年のアメリカ建国百年祭と、これに前後して全米各地で博覧会が活発に行われた頃である。

クレージー・キルト

19世紀後半の諸外国との交流の影響をキルトも受けた。栄華を誇ったイギリスからは、過剰な装飾性を特徴とするヴィクトリア文化の影響を受け中国や日本の意匠デザインの影響もキルトの上にたどることができる。

キルトに使用する布には、色彩の鮮やかな絹やヴェルベットを使い、刺繍ステッチをふんだんに駆使した、いわゆる「ヴィクトリアン・クレージー・キルト」はその代表的な例。余り布をランダムにはぎ合わせて作る手法は、アメリカの植民地時代から行われていたと言われる。しかし、ヴィクトリアン・クレージーには、東洋のデザインの影響が加わり、縫い合わせめを覆うステッチも、沢山の色の糸を使い刺繍見本のように並べた。布の上には、花や子供、イニシャルなどを刺繍し過剰な豪華さ競った。刺繍デザインには、片足で立つ鶴やうちわをそのまま刺繍したクレージー・キルトもあり、明治維新後の日本の活発な交易をうかがわせる。ドレス用の生地など高価な布を、適当な大きさにカットして組み合わせたクレージー・キルト用のキットも盛んに利用された。

豪華な材料や手法を駆使するには、ありあまる時間を持て余す作り手が必要。この種のキルトは、裕福な婦人の女性らしい嗜みとして考えられるようになったのである。暖をとる実用性より装飾性を重視した趣味としての「手芸」。こうしてミシンでキルトを作る風潮は退き、優雅な手芸としてキルト作りが流行した。

INDEX 索　引

AIR PLANE　飛行機　1484

ANCHOR　いかり　1403

ANDY　アンディ　985

APPLIQUE TREE　アップリケ・ツリー　1149

BABY BLOCK　積木　1352

BASKET　バスケット
980　1004　1007　1015　1030　1104　1165
1239　1281　1309　1316　1365　1389　1393
1395　1400　1405　1407　1413　1429　1436
1433　1438　1465　1474　1478

BIRD　鳥
1270　1304　1317　1320　1362　1406　1510

BIRDS AND TREE　鳥のいる木　1037　1162

BOSTON PUZZLE　ボストン・パズル　1457

BOW TIE　ボータイ　987　1119　1422

BOUQUET　ブーケ　1141　1441

BUTTERFLY　ちょうちょ
979　988　1205　1329　1448

CAKE PLATE　ケーキ皿　999　1016

CACTUS　サボテン　1114

CAT　ねこ　1487　1394

COCONUT AND PINEAPPLE　ココナツとパイナップル　1043

COLONIAL LADY　コロニアル・レディ　1366　1381

CORNUCOPIA　コーニュトピア（角）　1459

CROSS　十字架　1059　1115　1425

CRAZY QUILT　クレージー・キルト
1010　1022　1036　1069　1095　1133　1148
1157　1158　1179　1185　1191　1269　1289
1375　1428　1452　1464　1466　1467　1468
1469　1470　1471　1493　1494　1495　1496

DOG　犬　1344

DUCK　かも　1011　1456

EAGLE　わし　1472　1488

EMBROIDERED　刺繡
1204　1290　1347　1367　1397　1410　1419
1424　1432　1437　1446　1475

FLAG　旗　1056

FLOWER　花
1008　1013　1024　1027　1028　1031　1033
1039　1041　1044　1046　1048　1051　1063

1066 1071 1072 1073 1075 1084 1088
1089 1092 1096 1097 1098 1105 1107
1120 1123 1124 1127 1128 1131 1139
1140 1143 1147 1150 1156 1159 1161
1164 1169 1171 1177 1181 1187 1194
1214 1217 1226 1227 1230 1231 1237
1240 1243 1250 1251 1254 1258 1262
1267 1272 1275 1269 1293 1294 1296
1298 1301 1302 1308 1313 1314 1315
1318 1325 1326 1327 1333 1340 1342
1346 1350 1356 1359 1364 1378 1379
1382 1417 1420 1426 1427 1431 1439
1443 1455 1460 1480 1482 1497

FLOWER APPLIQUE フラワー・アップリケ 1108

FLOWER IN BASKET 花かご
1025 1040 1050 1061 1081 1253 1268
1297 1303 1409 1414

FLOWER IN A VASE 花瓶の花
995 1014 1136 1152 1163 1182 1188

FLOWER WREATH 花輪
1070 1137 1197 1200 1215 1279 1323
1357

FOUR PATCH フォーパッチ 1196

FRIENDSHIP FRAME フレンドシップ・フレーム 1190

FRUIT IN A BASKET 果物かご 1330

GRAPE ぶどう 1020 1160 1440

HEART ハート 977 1435 1376

HEARTS AND HAND ハーツ・アンド・ハンド 1234

HEARTS AND LEAVES ハートと葉 1458

HEN にわとり 1463

HOME ホーム 1490

HOUSE ハウス
993 1012 1091 1144 1155 1175 1184
1185 1195 1213 1225 1236 1249 1277
1282 1286 1299 1324 1485 1504

JAPANESE FAIRY GODMOTHER
おとぎ話の日本のゴッド・マザー 1507

LEAF 葉
1002 1018 1047 1129 1130 1151 1153
1176 1246 1248 1255 1257 1261 1263
1273 1368 1386 1391 1415

LEMOYNE STAR ルモインの星 1065

LILAC ライラック 1106

LILY 百合
1125 1142 1178 1219 1295 1345 1378

LITTLE BEECH TREE 小さなぶなの木 1045

LONDON STAIRS ロンドンの階段 1343

LOVE APPLE トマト 1170

MAPLE LEAF メープル・リーフ 1035 1334

MAGNOLIA BUD もくれんのつぼみ 1374

MILL WHEEL 粉ひき場の水車 1296

MOON AND STAR 月と星 1167

NOSEGAY 花束 1284

OAK LEAF オークの葉
981 1021 1063 1110 1146 1174

OHIO ROSE オハイオ ローズ 1222

OLD CROW 老いたからす 998

PALM LEAF 椰子の葉 1034

PEONY しゃくやく 1009

PINEAPPLE パイナップル 1005 1122

PRESIDENT WREATH プレジデント・リース 1336

PRINCESS FEATHER プリンセス・フェザー
1003 1331 1476 1502

ROSE ばら
1172 1183 1192 1199 1145 1224 1235
1252 1353 1369 1384 1387 1388

SAWTOOTH のこぎりの歯 1245

SCHOOL BUS スクール・バス 982

SHIP 船 1398 1401

SPOOL 糸巻 1481

STAR 星 1166 1256 1371 1509

STREAK OF LIGHTNING 稲妻 1228

SUE AND ANDY スーとアンディ 1216 1274

SUN AND STAR 太陽と星 1168

SUNBONNET SUE サンボネット・スー
994 1082 1276 1283 1311 1348 1383
1392 1418 1423 1442

SUNFLOWER ひまわり 1489

TOY SOLDIER おもちゃの兵隊 1208

TREE ツリー
978 996 997 1111 1202 1360 1390

TULIP チューリップ
1000 1055 1083 1113 1229 1247 1265
1321 1332 1434 1462 1486 1492

'ULU (BREAD TREE) パンの木 1132

WAGON 荷車 1454

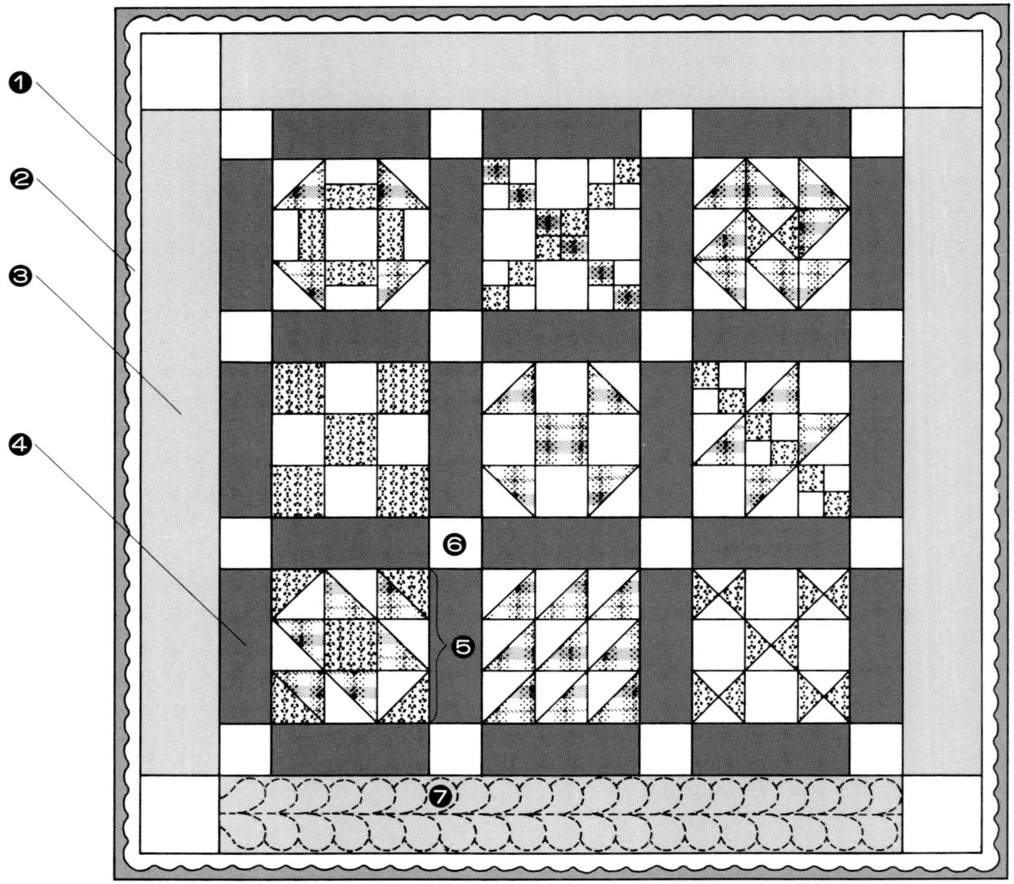
❶
❷
❸
❹
❺
❻
❼

① 裏布 Backing　② キルト綿 Batting　③ ボーダー Border　④ サッシュ Sashing
⑤ ブロック Block　⑥ ポスト Post　⑦ キルティング　デザイン　Quilting Desing

参考文献
Selected Bibliography

Yvonne M. Khin. The collector's Dictionary ob QUILT NAMES & PATTERNS. ACROPOLIS BOOKS LTD. Washington D.C. 1980

Judy Rehmel. THE QUILT I.D. BOOK. Prentice Hall Press. N.Y. 1986

本書に協力頂いた次の方々に御礼を申し上げます。
Very special thanks go to the following people :

アメリカン・フラー	AMERICA HURRAH
アーディス&ロバート・ジェームス夫妻	ARDIS & ROBERT JAMES
ベティ・ウルフ	BETTY WOLFE
キャリル・ブライヤー・ファラート	CARYL BRYER FALLERT
グゼニア・コード	XENIA CORD
ジーン・レイ・ローリー	JEAN RAY LAURY
ローラ・フィッシャー	LAURA FISHER
マサヨ・ヘンダーソン	MASAYO HENDERSON
ロデリコ E. キラコフ	RODERICK E. KIRACOFE
シェリー・ジガート	SHELLY ZEGART
イボンヌ・ポーセラ	YVVONE PORCELLA
鳥屋厳美	ITSUMI TORIYA
郷家啓子	KEIKO GOUKE
中原啓子	KEIKO NAKAHARA
後藤紀代子	KIYOKO GOTO
馬場雅子	MASAKO BABA
永井正子	MASAKO NAGAI
田宮雅子	MASAKO SHIMANO
窪田美土里	MIDORI KUBOTA
三沢幹子	MIKIKO MISAWA
服部利恵子	RIEKO HATTORI
長谷川幸子	SACHIKO HASEGAWA
島野徳子	TOKUKO SHIMANO
渡辺とみの	TOMINO WATANABE
熊部斗南	TONAMI KUMABE
佐藤ウメ	UME SATOU

英　　訳：トーマス・フェルナー	TOMASU FHELNER
撮影協力：遠藤長光	NAGAMITSU ENDO
レイアウト：鈴木　真	MAKOTO SUZUKI

キルト・ブロックス③

発行……………1994年4月10日
監修・編集……吉武泰子
発行者…………藤岡　護
発行所…………株式会社 京都書院
〒604 京都市中京区堀川通三条上ル
TEL. 075-344-0053　FAX. 075-344-0099
企画……………水野忠始
制作……………漂蒼庵（京都書院）
印刷製本………日本写真印刷株式会社

QUILT BLOKS Vol.3

Date of Publicalion ………April 10, 1994
Editor…………………………Yasuko Yoshitake
Publisher ……………………Kyoto Shoin Co., Ltd.
Sanjyo-agaru, Horikawa, Nakagyo-ku, Kyoto, Japan.
Tel. 075-344-0053　Fax. 075-344-0099
Planner ………………………Tadashi Mizuno
Printed and bound …………Nissha Printing Co., Ltd.

ISBN4-7636-3221-3